CW01654789

ARALDICA DEL MARE

Con araldica del mare si intende l'araldica che in qualche modo contempla o celebra il mare e quindi sono presi in considerazione gli stemmi di localita' marine di tutto il mondo, ma anche di associazioni, societa', circoli, club, persone e figure letterarie o cinematografiche legate al mare. Particolare rilievo e' stato dato alle citta' che facevano parte della Lega Anseatica.

Sono censiti gli stemmi che hanno nel loro interno non solo il mare o l'oceano, ma anche imbarcazioni, ancore, conchiglie, ostriche, stelle marine, cavallucci marini, coralli, crostacei, i fari, i timoni, le vele, i remi, bussole, uncini, arpioni, tridenti, mostri marini, figure mitologiche, etc

Oltre agli stemmi ed emblemi con elementi marini di tutto il mondo, sono trattati anche argomenti affini come i tipi di imbarcazioni, le loro parti, gli usi che si possono fare con lo stemma, i nodi marinari, gli stemmi dei navigatori e scopritori, dei pirati ed alcune delle navi piu' famose al mondo.

Sebastiano Pasquini

Principali simboli araldici marini

Imbarcazioni

Ancora

Astrolabio

Uncino

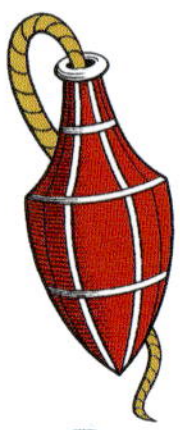

Boa

Amo

Timone

Quadrante

Tridente

Conchiglie

Mare o oceano

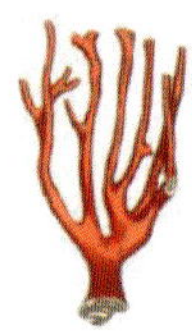

Corallo

Bussola o rosa dei

Divinita', figure mitologiche e pesci

Sirene

Stelle marine

IMBARCAZIONI

Principali tipi di imbarcazioni usate in araldica

VELIERO

E' una barca a vela che sfrutta principalmente l'azione del vento per la sua propulsione. In senso stretto è una nave a tre alberi più il bompresso, armata con vele quadre.

CARAVELLA

Famosa quella di Cristoforo Colombo, è un natante da esplorazione in uso dal 15° al 17° sec., spesso armato con qualche cannone, a un solo ponte con sovrastrutture a due impalcature a poppa e una a prora, in genere con due alberi (trinchetto e maestra) a vele quadre, alle volte, anche due alberi con vele latine a poppa (Wikipedia).

GALEA O GALEONE

Nave, generalmente militare e mediterranea, tipica del periodo velico medievale, conservata poi sporadicamente quasi fino al 19° sec., erede della classica liburna; veloce e leggera, di grande perfezione tecnica, è rimasta insuperata nelle costruzioni navali in legno. Una famosa galea è stata il Bucintoro dei dogi di Venezia (Wikipedia).

VASCELLO

Grande unità velica da battaglia, in uso tra la fine del sec. XVI e la metà del XIX; era munita di tre alberi con vele quadre e bompresso con fiocchi, e aveva di solito tre ponti con tre ordini di cannoni fino a un numero complessivo di

120; il nome è tuttora vivo nella designazione tradizionale di alcuni gradi della marina militare.
Famosi vascelli sono stati il Soleil Royal (1669), il Gouden Leeuw, la Santísima Trinidad e l'HMS Victory (1765) (Wikipedia).

GOLETTA

E' un'imbarcazione a vela fornita di bompresso e due alberi, leggermente inclinati verso poppa, armati con vele auriche. Esistono anche altri tipi di golette con più di due alberi e diversi tipi di armature (Wikipedia).

COCCA

La cocca era una nave in uso nel Medioevo nel Mar Baltico, sviluppata nel X secolo, presumibilmente dal modello dello knarr norreno e massicciamente diffusasi nel XII secolo. Di forma "rotonda", era lunga 15-25 m e larga 5-8 m, con stazza massima di 200-300 tonnellate. L'unico albero era armato a vela quadra, il timone, a perno, era montato sotto la poppa e l'opera morta era molto alta per permetterle di meglio affrontare la navigazione in mare aperto. E' il simbolo della Lega Anseatica (Wikipedia).

NAVE CARTAGINESE E ROMANA

Dal IV secolo a.C. in poi, apparvero nel Mar Mediterraneo nuovi tipi di navi da guerra a remi, che andarono a sostituire le trireme e trasformarono profondamente la guerra navale. Le navi divennero sempre più grandi e pesanti, comprese alcune delle più grandi navi di legno fino ad allora costruite. Questi sviluppi avvennero nell'ellenistico Vicino Oriente, ma anche in larga misura condivisi dalle potenze navali del

Mediterraneo occidentale, in particolare Cartagine e la Repubblica romana. Mentre i ricchi regni dei Diadochi, in Oriente, costruivano enormi navi da guerra ("polireme"), Cartagine e Roma, nell'intenso antagonismo navale durante le guerre puniche, facevano affidamento principalmente su navi di medie dimensioni. Allo stesso tempo, le potenze navali più piccole impiegavano una serie di imbarcazioni piccole e veloci, che erano usate anche dagli onnipresenti pirati. Dopo l'istituzione della completa egemonia romana nel Mediterraneo, a seguito della Battaglia di Azio, il nascente Impero romano non dovette affrontare grosse minacce navali. Nel I secolo dell'era volgare, le navi da guerra più grandi furono mantenute solo come ammiraglie e gradualmente soppiantate dalla leggere liburne fino a quando, dalla Tarda antichità, la conoscenza della loro costruzione andò persa (https://it.wikipedia.org/wiki/Navi_da_guerra_ellenistiche)

NAVE VICHINGA

Si trattò d'un insieme piuttosto eterogeneo di natanti, finalizzati ad usi specifici e diversi tra loro, ma accomunati da una linea uniforme: snelli e flessibili, dotati di chiglia e con estremità simmetriche. Il tipo costruttivo si basava sul clinker, la sovrapposizione di assi rivettate tra loro.
Alcune navi, secondo le fonti letterarie, dovevano avere una polena in foggia di testa di drago.

I navigli vennero impiegati per diversi usi: incursioni belliche (sbarchi ed operazioni anfibie), commercio su breve e lunga distanza, esplorazione e colonizzazione.

Nella letteratura, le navi vichinghe sono di solito divise in due grandi categorie, navi mercantili e navi da guerra, in realtà sovrapponibile tra loro. Alcuni tipi di mercantili, costruiti appositamente per il trasporto di merci, potevano essere riconfigurate in navi da guerra. La maggior parte delle navi vichinghe erano progettate per la navigazione di fiumi, fiordi ed acque costiere, mentre altri, come il Knarr, potevano navigare in mare aperto e persino nell'oceano. Le navi vichinghe vennero impiegate nel Mar Baltico, nell'Oceano Atlantico (raggiungendo l'Islanda, le Isole Faroe, la Groenlandia, la Terranova), nel Mar Mediterraneo, nel Mar Nero e nel Mar Rosso (https://it.wikipedia.org/wiki/Navi_vichinghe).

NAVE FENICIA

E' un'imbarcazione a trireme (in greco antico: τριήρης?, triérēs al singolare, τριήρεις al plurale) ed era un tipo di nave greca da guerra che utilizzava come propulsione, oltre alla vela, tre file di rematori (da cui deriva il nome greco) disposti su ciascuna delle due fiancate dello scafo (https://it.wikipedia.org/wiki/Trireme).

Parti di un'imbarcazione

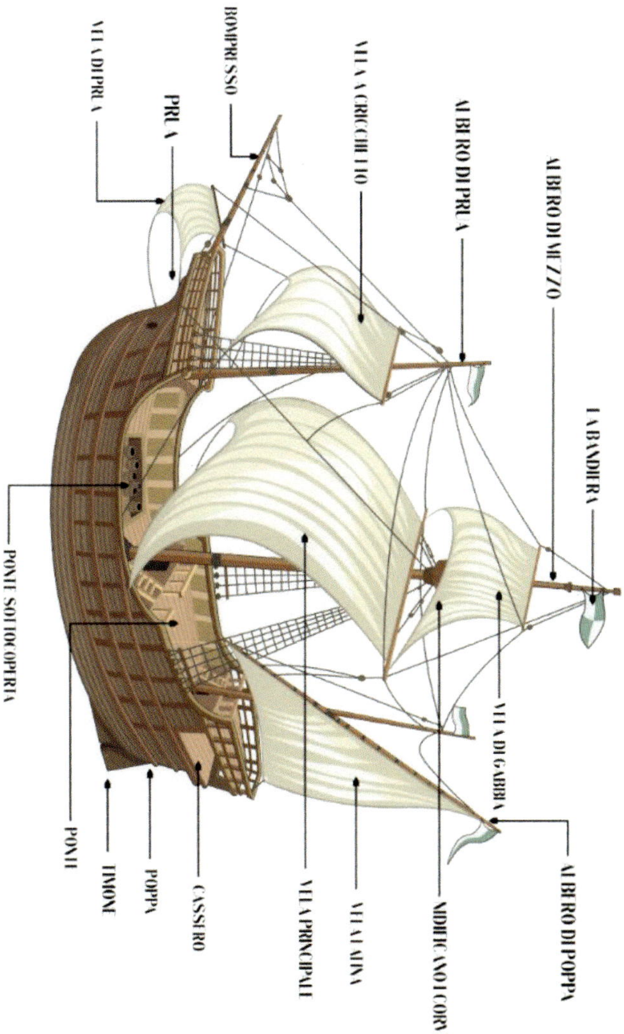

Usi araldici

POLENA DI PRUA

Polena di prua della HMS Victory con lo stemma reale (con l'arma degli Hannover (poi Windsor) sul tutto) scolpito e dipinto e retto da due puttini.

A PRUA

Lo stemma o emblema può essere rappresentato sia a tinta unita che a colori, sia sipinto che scolptio (su vari materiali) sulla prua dell'imbarcazione.

SU GUIDONI APPESI

Lo stemma o emblema può essere rappresentato su guidoni da appendere sulle imbarcazioni.

SU BANDIERE

Lo stemma o emblema può essere rappresentato sulla bandiera di famiglia o di stato ed esposto sull'imbarcazione

SU BANCHINE DI PORTI E DARSENE

Lo stemma o emblema può essere rappresentato sulle banchine di porti o darsene

SUI TAVOLINI

Un piccolo guidone nautico può essere esposto anche sui tavolini dei circoli nautici o degli yacht club.

SUI INSEGNE E TARGHE

Stemmi o emblemi possono essere esposti su insegne e targhe di vario tipo: di hotel, B&B, botteghe, ristoranti, pub, locande, circoli, club ed altro.

NODI MARINARI

Nodi di arresto

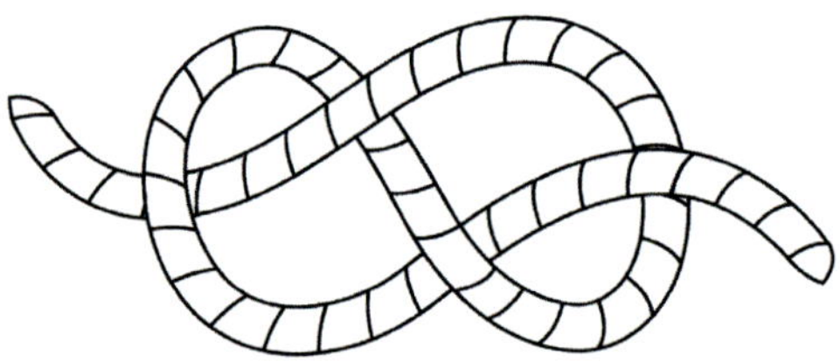

NODO SAVOIA

Nodi di giunzione

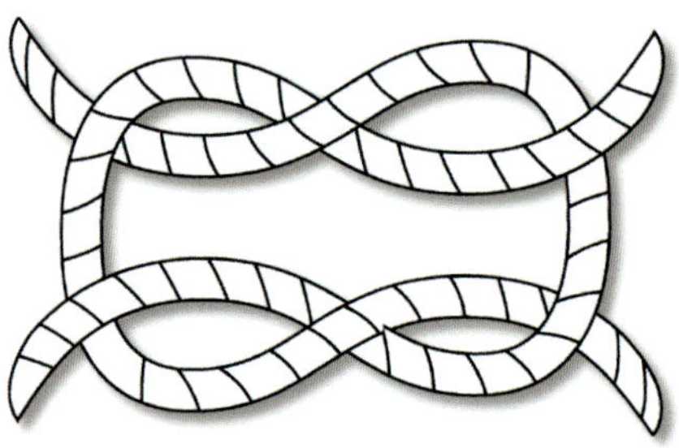

NODO PIANO

Nodi ad occhiello

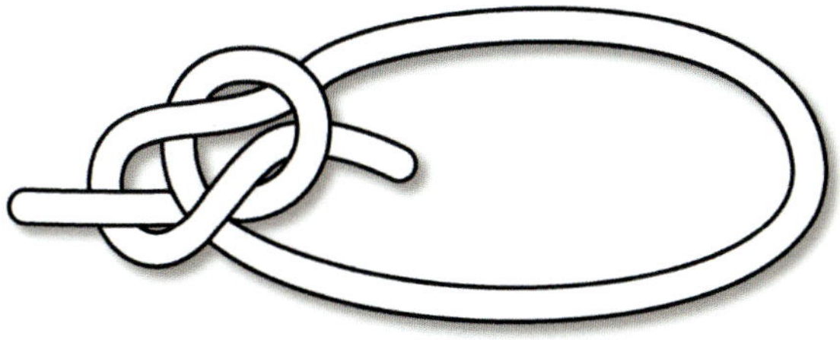

GASSA D'AMANTE

Nodi di avvolgimento

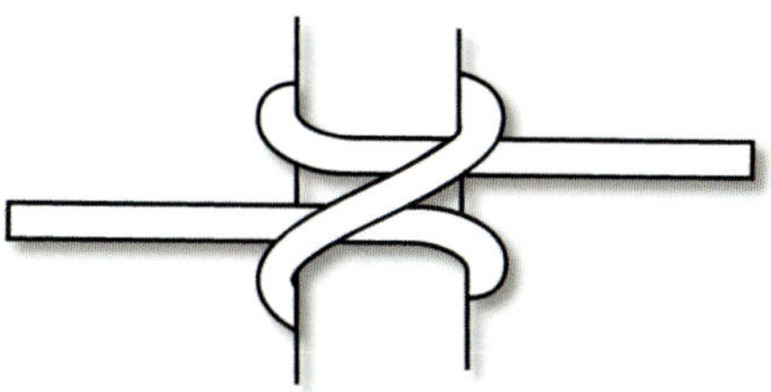

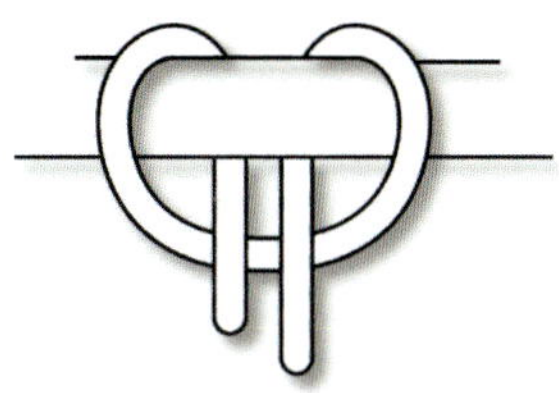

NODO PARLATO **BOCCA DI LUPO**

Nodo scorsoio

NAVIGATORI E SCOPRITORI

CRISTOFORO COLOMBO

Nello stemma inquartato di Cristoforo Colombo compaiono i primi due quarti esattamente come appaiono nello stemma di Castiglia e Leon, nel terzo quarto sono rappresentate le isole scoperte da Colombo e successivamente alle isole fu aggiunta una striscia di terraferma a forma di Y; nel quarto quarto d'azzurro a cinque ancore in fascia d'oro per sottolineare il suo titolo di "Ammiraglio del Mar Oceano"; lo stemma della famiglia Colombo venne posto innestato in punta.

Dopo la morte di Cristoforo Colombo nel 1506 il re Ferdinando di Aragona, ordinò di aggiungere una bordura d'argento caricata con il motto in lettere di nero "A Castilla y León dio nuevo mundo Colón" (a Castiglia e Leon Colombo ha dato un nuovo mondo).

Amerigo Vespucci

Amerigo Vespucci (Firenze, 9 marzo 1454 – Siviglia, 22 febbraio 1512) è stato un navigatore, esploratore e cartografo italiano, dapprima cittadino della Repubblica fiorentina e poi suddito del Regno di Castiglia dal 24 aprile 1505. Fu il primo esploratore a rendersi conto, durante un viaggio a servizio del Regno di Portogallo nel 1501, che le nuove terre recentemente scoperte ad occidente dell'Oceano Atlantico non erano l'estrema propaggine dell'Asia orientale, come si credeva inizialmente, ma una parte di un continente ignoto che lui chiamò nuovo mondo, e che in suo onore fu poi chiamato America. Lo stemma della famiglia Vespucci è raffigurata sulla tomba ad Ognissanti a Firenze (Wikipedia).

FRATELLI PINZON

I fratelli Pinzón erano tre navigatori ed esploratori spagnoli nativi di Palos de la Frontera. Tutti e tre, Martín Alonso, Francisco Martín e Vicente Yañez, presero parte alle prima spedizione di Cristoforo Colombo nel Nuovo Mondo e molti storici li ritengono importanti per aver partecipato integralmente alla spedizione, anche se hanno ricevuto pochi riconoscimenti per il lavoro fatto.

Nel loro stemma ci sono le caravelle, il mare, ancore ed il capo di Castiglia (Wikipedia).

ANDREA DORIA

Andrea Doria (Oneglia, 30 novembre 1466 – Genova, 25 novembre 1560) è stato un ammiraglio, politico e nobile italianodella Repubblica di Genova.[1][2]
Da condottiero di ventura a riformatore della Repubblica di Genova a Grande Ammiraglio di Spagna, principe di Melfi, decorato del Toson d'Oro, fu uno degli uomini più insigni del suo tempo.
Nel corso del tempo, diverse navi sono state dedicate ad Andrea Doria:il transatlantico Andrea Doria, varato nel 1951 ed affondato il 26 luglio 1956, a seguito di una collisione in mare al largo delle coste statunitensi, corazzate, incrociatori e cacciatorpediniere della Marina Militare Italiana.

Stemma: spaccato d'oro e d'argento, all'aquila di nero, coronata del primo, beccata, linguata, membrata ed armata di rosso.

MARCO POLO

Marco Polo (Venezia, 1254 – Venezia, 8 gennaio 1324) è stato un viaggiatore, scrittore, ambasciatore e mercante italiano, cittadino della Repubblica di Venezia.

La relazione dei suoi viaggi in Estremo Oriente è raccolta nell'opera letteraria Il Milione, una vera e propria enciclopedia geografica che riunisce le conoscenze essenziali sull'Asia in Europa alla fine del XIII secolo.

Membro del patriziato veneziano, viaggiò con il padre Niccolò e lo zio paterno Matteo attraverso l'Asia lungo la Via della seta fino alla Cina, allora Catai, dal 1271 al 1295. (Wikipedia).
Stemma: di rosso, alla banda d'oro, caricata da tre gazze ladre (o pole o piche) in atto di gracchiare (Wikipedia).

AMMIRAGLI E PIRATI

LORD NELSON

Lord Horatio Nelson, I° visconte Nelson e I° duca di Bronte (Burnham Thorpe, 29 settembre 1758 – Capo Trafalgar, 21 ottobre 1805), è stato un ammiraglio inglese.

Per le sue vittorie nelle tre grandi battaglie navali (famosa quella di Trafalgar Square) in cui era comandante in capo, è ancora oggi ricordato come uno dei più amati e celebrati eroi nazionali d'Inghilterra.

Stemma: d'oro, alla croce fiorita di nero, attraversata da una banda di rosso, a sua volta caricata da un'altra spinata d'oro, a sua volta caricata da tre granate di nero, infiammate di rosso; al capo ondato d'argento, caricato da un mare d'azzurro, da cui emerge una palma accostata a destra da una veliero ed a sinistra da un forte in rovina d'oro.

Motto: Palmam qui meruit ferat ("lascia lui che ha meritato sostenere la palma") (Wikipedia).

SIR FRANCIS DRAKE

Sir Francis Drake (Tavistock, 13 luglio 1540 – Portobelo, 28 gennaio 1596) è stato un corsaro, navigatore e politico inglese.

Membro di spicco dei famosi Sea Dogs, fu il primo inglese a circumnavigare il globo, dal 1577 al 1580, e fu insignito del titolo di cavaliere al suo ritorno dalla regina Elisabetta I.
Il suo stemma è il seguente: di nero, alla fascia ondata d'argento, accompagnata da due stelle ondulate di 6 raggi del secondo. Come cimiero ha una mano che esce da una nuvola che regge le funi di una nave da cui si scorge un drago (elemento parlante). Il grido di guerra è "Sic Parvis Magna", che significa "Così grandi cose vengono da piccole cose". Il motto è "Auxilio Divino" ovvero,"con l'aiuto divino" (Wikipedia).

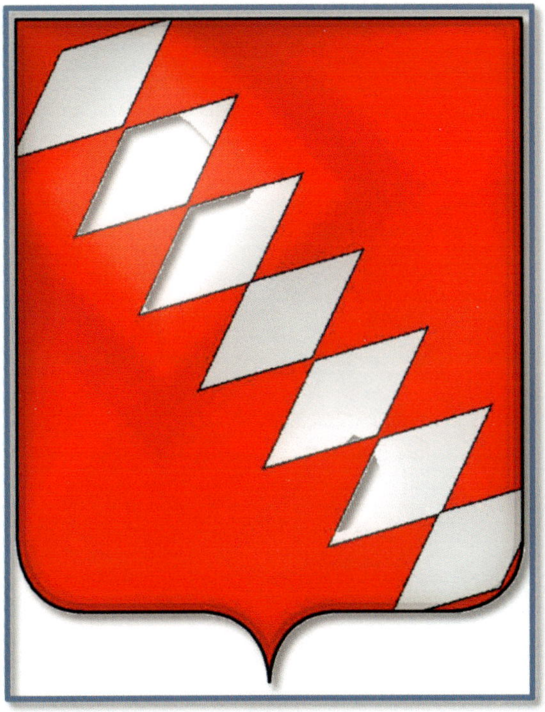

SIR WALTER RALEIGH

Sir Walter Raleigh (1552 1554 circa – Londra, 29 ottobre 1618) è stato un navigatore, corsaro e poeta inglese. Membro di spicco dei famosi Sea Dogs, fu uno dei favoriti di Elisabetta I, al suo servizio scoprì le coste dell'America settentrionale nel 1584 (quella che ribattezzò Virginia e di cui fu primo governatore). Salito al trono Giacomo I, cadde in disgrazia e infine fu decapitato. Fu una delle personalità maggiori dell'epoca elisabettiana e il principale iniziatore dell'espansione coloniale inglese (Wikipedia).

Jolly Roger

Esposta sopra la nave dei pirati c'era il Jolly Roger, la bandiera tradizionale dei pirati americani ed europei, raffigurata oggigiorno come due tibie incrociate sovrastate da un cranio bianco su sfondo nero. Il simbolo del teschio con le ossa incrociate è un simbolo diffuso e utilizzato in molti contesti, spesso in collegamento con il concetto di morte.
L'origine di queste ultime è probabilmente legata al fatto che i corsari inglesi del 1694 usavano una red jack (un vessillo color rosso, appunto) su ordine dell'ammiragliato.
Esistevano molte varianti e simboli addizionali sulle bandiere usate dai pirati. Scheletri danzanti simboleggiavano che i pirati davano poca importanza al loro destino.

NAVI FAMOSE

ADLER VON LÜBECK
(Di Uwe Jarchow - www.uwejarchow.eu, CC BY-SA 3.0, https://commons.wikimedia.org/w/index.php?curid=4111564)

La Adler von Lübeck, nota anche come Der Große Adler (l'"aquila di Lubecca" o "la grande aquila") era una nave da guerra del XVI secolo della città anseatica di Lubecca, in Germania. L'Adler era al tempo la nave più grande del mondo, misurando 78,30 m di lunghezza e di 2-3000 tonnellate di stazza.
Il galeone da guerra fu costruita da Lubecca durante la Guerra nordica dei sette anni per accompagnare il suo convoglio di navi mercantili nel Mar Baltico e Mare del Nord. Tuttavia, l'Adler

non è mai stato messo in azione, dal momento che Lubecca aveva già iniziato negoziati di pace con la Svezia al momento del completamento della nave. Dopo il Trattato di Stettino del 1570, la nave venne trasformata in una nave da carico per il commercio con la penisola iberica. La nave è stata smantellata nel 1588 dopo venti anni di servizio (Wikipedia).

LA SANTA MARIA DI CRISTOFORO COLOMBO
(foto concessa da Premier Ship Models - https://premiershipmodels.com.au)

La Santa María, anche nota come La Gallega, fu l'Ammiraglia della flotta di tre navi utilizzate da Cristoforo Colombo nel suo primo viaggio attraverso l'oceano Atlantico nel 1492 (le altre navi erano la Niña e la Pinta). Il proprietario era Juan de la Cosa, un uomo di etnia basca di Santoña, Cantabria (ai tempi, parte della Biscaglia), che operava nelle acque del sud della Spagna. (Wikipedia). Essendo stato messo da parte da Giovanni del Portogallo, Colombo nel 1485 si reca in Spagna e ottiene l'interesse e l'appoggio di Ferdinando ed Isabella di Castiglia per la sua avventura alla scoperta delle Americhe (Wikipedia).

AMERIGO VESPUCCI

L'Amerigo Vespucci è il più famoso e bel veliero della Marina Militare Italiana, costruito nel 1931 come nave scuola per l'addestramento degli allievi ufficiali dei ruoli normali dell'Accademia navale di Livorno.

Oltre alle Colombiadi, ha partecipato alla Tall Ships' Race, la competizione che mette a confronto le Tall Ship, i velieri ad alti alberi delle navi scuola di tutto il mondo.

Araldicamente è stato coniato un crest con sfondo azzurro in cui il veliero troneggia sul mare ed è sormontato da una corona navale e circondato dalla scritta NAVE SCUOLA AMERIGO VESPUCCI - NON CHI COMINCIA MA QUEL CHE PERSEVERA.

A prua della nave c'è rappresentato anche un piccolo scudo ovale d'azzurro caricato da una stella cerchiata e da un'ancora il tutto d'oro, retto da due sirene (https://it.wikipedia.org/wiki/Amerigo_Vespucci_(veliero).

Invincibile Armada

L'Invincibile Armata fu la flotta composta da 130 unità e 29664 uomini approntata dal re di Spagna Filippo II nel 1587 per contrastare la crescente potenza marittimo-commerciale dell'Inghilterra e per porre termine al conflitto che ormai da due anni veniva combattuto con atti di pirateria da entrambe le parti.

La guerra anglo-spagnola, avvenuta tra il 1585 e il 1604 e che fu parte della guerra degli ottant'anni, era iniziata nel 1585 con l'invio di truppe inglesi in aiuto delle protestanti Province Unite, la cui indipendenza non era riconosciuta dalla Spagna cattolica (Wikipedia).

HMS Victory

La HMS Victory è un vascello di prima classe, a tre ponti da 104 cannoni della Royal Navy, costruita negli anni 1760 su progetto di Sir Thomas Slade. Smantellata nel 1800, fu ricostruita nel 1803. Risiede nel suo bacino di carenaggio a Portsmouth come nave museo.

La polena di prua, sostituita nel 1801, porta all'interno di un medaglione i segni delle Armi Reali e dell'Ordine della

Giarrettiera. Vi sono due iscrizioni: Honi soit qui mal y pense (sia svergognato chi pensa male) e Dieu et mon droit (Dio e il mio diritto). Il medaglione è sostenuto da due putti e sormontato da una corona.

La fama della HMS Victory è associata al fatto di essere la nave ammiraglia di Lord Nelson nella battaglia di Trafalgar nel 1805. L'ammiraglio Nelson issò la prima bandiera nel 1803 per ottenere il più grande successo il 21 ottobre 1805 giorno del più importante successo degl'inglesi su Napoleone. Dopo molte guerre e vicende nel 1922 fu parcheggiata al porto di Portsmouth, diventando una nave museo (https://it.wikipedia.org/wiki/HMS_Victory).

HISPANIOLA (ISOLA DEL TESORO)

L'Hispaniola è la fantastica nave protagonista del racconto di Robert Louis Stevenson ***"L'isola del Tesoro"*** e dei tanti film e sceneggiati trasmessi dal 1908 ad oggi.

Dopo che il vecchio bucaniere Billy Bones consegna al giovane Jim Hawkins (proprietario inseme alla madre della locanda Ammiraglio Bembow) la mappa di un leggendario tesoro che si troverebbe in un'isola caraibica, il Cavalier Trelawney per ottenere una nave si reca a Bristol ed acquista una goletta, a cui danno il nome di Hispaniola; l'isola forse è veramente esistita e si trovava nelle Isole Vergini britanniche.

Pequod (Moby Dick)

Moby Dick o La balena è un romanzo del 1851 scritto da Herman Melville. E' la storia del viaggio della baleniera Pequod, comandata dal capitano Achab, a caccia di balene e capodogli, e in particolare dell'enorme balena bianca che dà il titolo al romanzo, verso la quale Achab nutre una smisurata sete di vendetta.

(foto concessa da Premier Ship Models - https://premiershipmodels.com.au)

La nave con il suo equipaggio, destinati profeticamente alla morte, non solo è la protagonista del racconto di tutta la navigazione diretta alla caccia della balena.

NAUTILUS (20.000 LEGHE SOTTO I MARI)

Il Nautilus è un immaginario sottomarino ideato e comandato dal Capitano Nemo nei romanzi Ventimila leghe sotto i mari (Vingt mille lieues sous les mers, 1870) e L'isola misteriosa (L'île mystérieuse, 1874) di Jules Verne, scrittore francese anticipatore della moderna fantascienza. Deve il suo nome al Nautilus, il primo sommergibile funzionante di sempre nella realtà, ideato da Robert Fulton, nome a sua volta derivato da quello dei molluschi Nautilus. Il Nautilus è visibile nell'omonimo film diretto da Richard Fleischer (1954) (https://it.wikipedia.org/wiki/Ventimila_leghe_sotto_i_mari).

Stemma antico

COMPAGNIA DELLE INDIE

La Compagnia Britannica delle Indie Orientali (British East India Company), fino all'Atto di Unione del 1707 Compagnia inglese delle Indie Orientali, nacque il 31 dicembre 1600, quando la regina Elisabetta I d'Inghilterra accordò una "carta" o patente reale che le conferiva per 21 anni il monopolio del commercio nell'Oceano Indiano.

Prima delle compagnie commerciali europee create nel XVII secolo per conquistare "le Indie" e dominare i flussi commerciali con l'Asia. Il primo Governatore fu Thomas Smyth, nominato il 31 dicembre 1600, e che mantenne la carica solo per quattro mesi.

Il primo stemma istituito nel 1600 aveva nello scudo tre navi con vele crociate all'inglese e come cimiero un globo armillare, il secondo, istituito nel 1698 era solo uno scudo d'argento, crociato di rosso, caricato nel primo quarto dello scudetto d'Inghilterra (https://it.wikipedia.org/wiki/Compagnia_britannica_delle_Indie_orientali).

Red Dragon

La Red Dragon (o Scourge of Malice o Malice Scourge) è stata la nave ordinata da George Clifford, 3° conte del Cumberland. E' stata costruita e fatta salpare dal porto di Deptford Dockyard, un'importante cantiere navale della Royal Navy a Deptford sul Tamigi nel 1595. Il conte l'utilizzò come nave ammiraglia durante i raid contro le navi spagnole. Fu rinominata Drago Rosso e la Compagnia Britannica delle Indie Orientali la utilizzò almeno 5 volte per i suoi viaggi.

(foto concessa da Premier Ship Models - https://premiershipmodels.com.au)

MAYFLOWER

La Mayflower (letteralmente "Fiore di maggio") fu la nave mercantile con la quale i padri pellegrini, salpati il 16 settembre 1620 da Plymouth (Inghilterra), raggiunsero gli attuali Stati Uniti a Capo Cod due mesi dopo, il 19 novembre (https://it.wikipedia.org/wiki/Mayflower).

(foto concessa da Premier Ship Models - https://premiershipmodels.com.au)

HMS BOUNTY

HMS Bounty, in italiano Nave di Sua Maestà Bounty, era un piccolo vascello mercantile acquistato dalla Royal Navy ed armato con 4 cannoni per una missione botanica nel Pacifico.

La nave fu inviata nell'Oceano Pacifico per acquistare esemplari dell'albero del pane e portarli in Giamaica, possedimento britannico. La missione non venne mai portata a termine a causa di dissapori tra il capitano William Bligh ed il suo secondo, Fletcher Christian, che portarono alla rivolta di metà dell'equipaggio il 28 aprile 1789 e causarono il famoso ammutinamento del Bounty (https://it.wikipedia.org/wiki/HMS_Bounty).

HMS ENDEAVOUR

La HMS Endeavour, nota anche come HM Bark Endeavour, era una nave oceanografica britannica della Royal Navy che il tenente James Cook comandò tra il 1769 e il 1771 durante il suo primo viaggio di esplorazione in Australia e Nuova Zelanda.

Folgore

La Folgore è la nave con la quale imperversa per i Caraibi il Corsaro Nero (il protagonista dei tre romanzi di Emilio Salgari: Il Corsaro Nero, La regina dei Caraibi e La figlia del Corsaro Nero), equipaggiata da una variegata ciurma di filibustieri: il film è ambientato a Maracaibo.

Nettuno

Il Neptune è il vascello utilizzato nel film Pirati (1986), diretto da Roman Polański e con Walter Matthau. Oggi è custodito presso il porto di Genova.

Black Pearl

Il Black Pearl invece è la nave protagonista di ben 5 film della serie Pirati dei Caraibi. È il veliero del capitano Jack Sparrow ed è nota per le sue vele nere e per la singolare velocità, che la rende in grado di tenere testa all'Olandese Volante.

Durante il comando di Hector Barbossa la ciurma è vittima di una maledizione derivante dall'aver trafugato dell'oro azteco e anche la nave ne subisce gli effetti: dovunque andasse essa era infatti avvolta da una fitta nebbia, che ne preannunciava l'arrivo (https://it.wikipedia.org/wiki/Perla_Nera).

LA PERLA DI LABUAN

E' la nave di ***Sandokan***, altro personaggio fantastico di Emilio Salgari, che è anche il soprannome di lady Marianna, la donna amata dal famoso Sandokan, descritta ne ***I pirati della Malesia***, come uno dei più bei prahos che solcassero gli ampi mari della Malesia.

(La nave di Capitan Uncino a Disneyland Paris)

JOLLY ROGER

La nave del capitano Uncino, antagonista dei libri di Peter Pan, chiamata con lo stesso nome della bandiera piratesca. Quest'ultima, viene chiamata così perché Uncino decide di dargli il nomignolo di uno dei suoi pochi amici fidati, Roger

Peter Davies, comparso in uno dei libri di una serie sequel autorizzata del libro di Barrie.

Emblemi di college, scuole e club

Lega Navale Italiana: un salvagente d'argento, caricato dalla legenda LEGA NAVALE ITALIANA d'oro; al centro del salvagente su campo d'azzurro, le lettere LNI d'oro; il tutto accollato ad un'ancora d'oro.

www.pngwing.com

Bournemouth Rowing Club: quattro pesci e due remi

www.pngwing.com

Christchurch Rowing Club: due remi

www.pngwing.com

Club Nautico Aguilas (Spagna): il mare, una vela ed un timone

www.pngwing.com

Worshipful Company of Fishmongers (Compagnia dei Pescatori): il mare, 3 delfini, 4 stoccafissi, una sirena ed un tritone

By Gv19861 - Own work, CC BY-SA 4.0, https://commons.wikimedia.org/w/index.php?curid=128525847

Glasgow College of Nautical Studies: due ancore, una corona navale ed un astrolabio

www.pngwing.com

Koninklijke Nederlandsche Zeil- & Roeivereeniging Muiden IJsselmeer Loosdrecht Yacht club: un'ancora

www.pngwing.com

www.pngwing.com

www.pngwing.com

www.pngwing.com

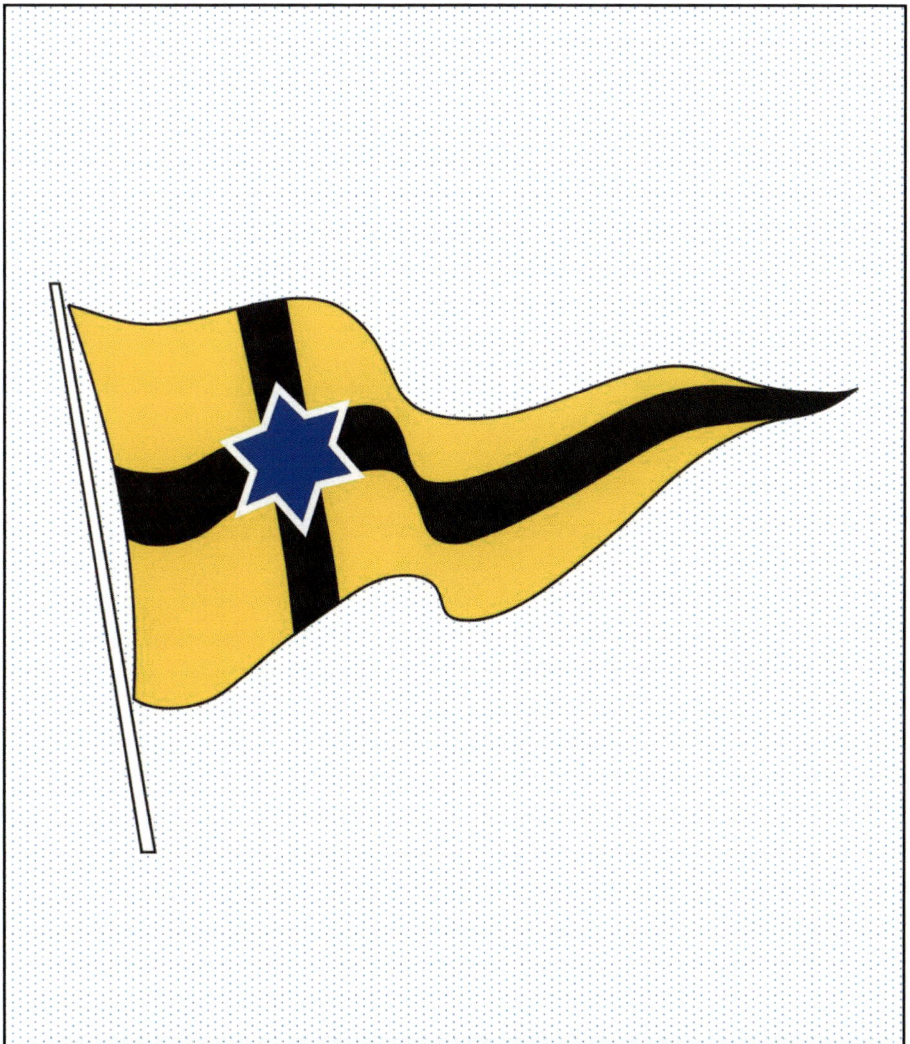

Munich Yacht Club

www.pngwing.com

www.pngwing.com

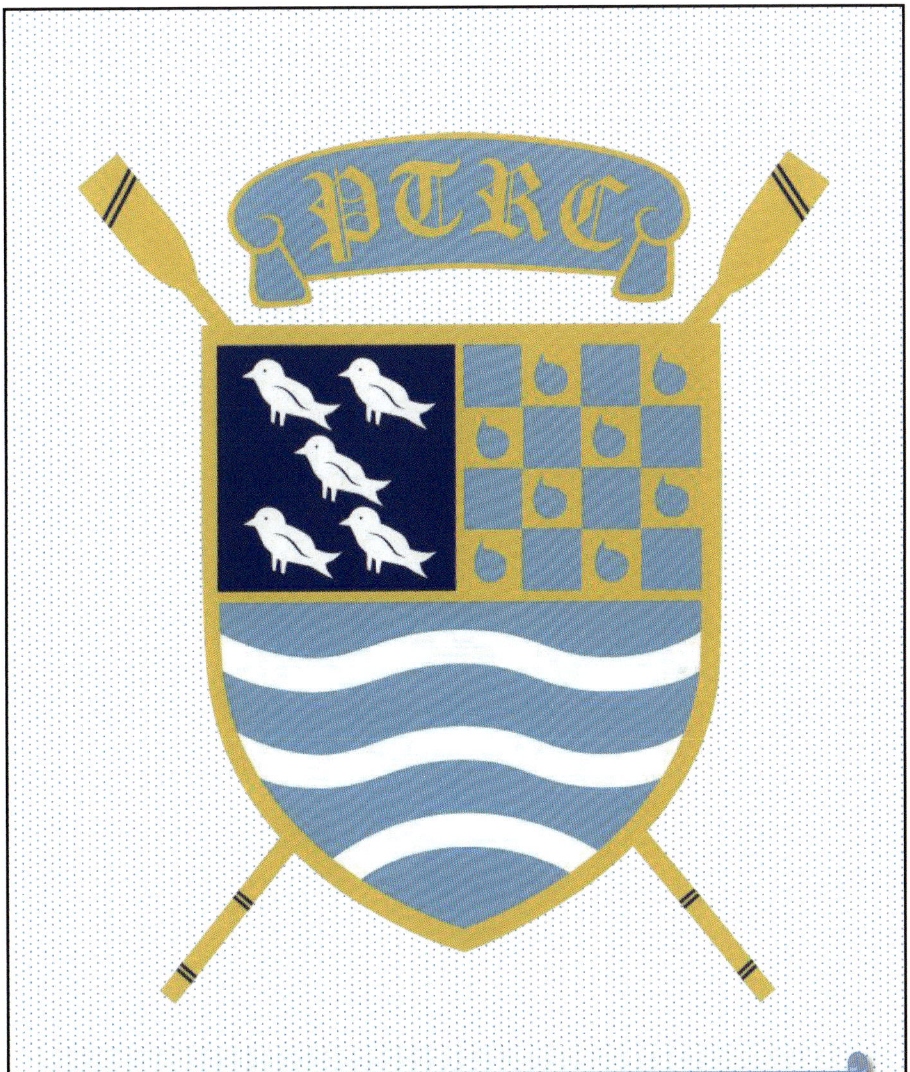

Putney Town Rowing Club

www.pngwing.com

Real Club Marítimo del Abra - Real Sporting Club (Spagna)

Royal Prince Alfred Yacht Club (Australia)

www.pngwing.com

Royal Vancouver Yacht Club (Canada)

www.pngwing.com

www.pngwing.com

University College Dublin Boat Club

www.pngwing.com

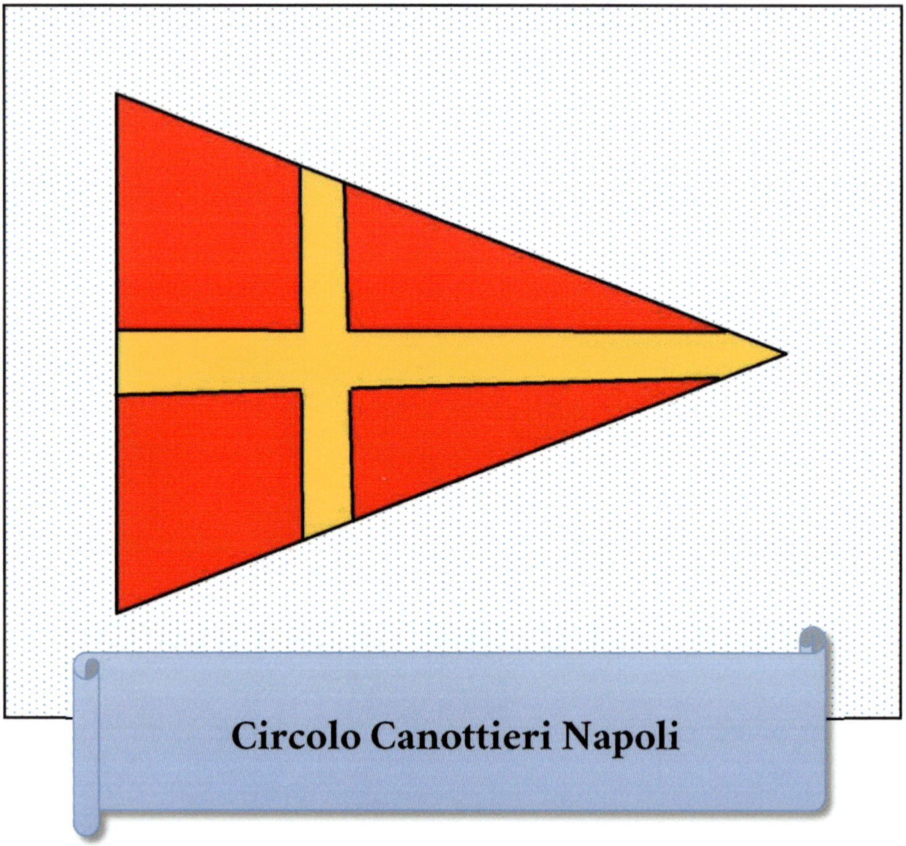

Circolo Canottieri Napoli

Yacht Club Italiano: uno scudo di rosso, alla croce d'argento, accollato ad un'ancora al naturale, cordata d'oro; intorno una cintura al naturale, fibbiata d'oro, con la scritta YACHT CLUB ITALIANO dello stesso; il tutto accollato da due remi e mezzi marinai al naturale, in decusse.

Circolo Canottieri Aniene: d'azzurro, a tre sbarre d'oro

Ornamenti: lo scudo è sormontato dalla Stella d'Oro al Merito Sportivo; sotto lo scudo il Collare d'Oro al Merito Sportivo. Dietro lo scudo un remo e una gaffa in decusse con i colori sociali. La punta dello scudo è attraversata da un cartiglio bifido d'argento con la data 1892 di nero.

Reale Circolo Canottieri Tevere Remo: d'azzurro, alla croce di rosso in decusse; nel cantone destro una stella d'oro, circondata da due rami fogliati in decusse. Sul tutto una croce d'argento
Decorazione: accollata allo stemma un'ancora d'oro, a sua volta accollata ad un remo e un arpone, l'ancora coronata da una corona reale con il tocco spaccato di azzurro e di rosso.

Reale Yacht Club Canottieri Savoia: d'argento, a cinque verghette di nero; sul tutto una stella a cinque punte del primo, caricata da uno scudetto del secondo, crociato del primo.
Contrassegno: lo scudo è accollato ad un'ancora e sormontata da una corona reale d'oro.
Legenda: sotto lo scudo il cartiglio bifido d'argento caricato dalla legenda R.Y.C.C. SAVOIA; sotto la data 1893.

Amici del Mediterraneo: cinque ancore in fascia in ordine sparso d'oro.

Italian Maritime Academy Technologies: un'ancora nelo scudo

Romanian Nautical College: una rosa dei venti ed un'ancora

Escola Superior Náutica Infante D. Henrique (Portogallo): una rosa dei venti

International Nautical Academy (Spagna): un timone, una nave ed un'ancora

Odesa Maritime Academy (Ucraina): una nave ed un'ancora

Lithuanian Maritime Academy : un mezzo timone ed un'ancora

International Maritime Training Academy (UK): un'ancora

Maine Maritime Academy (USA): una nave nel sigillo

Maritime Academy Charter (USA): rosa dei venti ed un'ancora

Sharjah Maritime Academy (Emirati Arabi): una nave ed il mare.

Baliwag Maritime Academy (Filippine): il mare, una nave nello scudo, due delfini come supporti ed un'ancora come contrassegno.

STEMMI ITALIANI

Bandiera della Marina Militare Italiana

La bandiera navale della Marina Militare risale al dopoguerra, quando è stata istituita con un decreto dell' allora Capo dello Stato Enrico De Nicola il 9 novembre 1947.

L'uso del tricolore sulle navi va tuttavia fatto risalire al 1848 quando l'Italia unita era ancora di là da venire.

Lo stemma è costituito dalle "armi" delle quattro repubbliche marinare, ovvero Genova, Venezia, Pisa ed Amalfi.

Altri emblemi di comandi ed enti militari si trovano a questo indirizzo:

https://www.marina.difesa.it/noi-siamo-la-marina/organizzazione/comandi-basi-enti/Pagine/default.aspx

Regione Basilicata: quattro fasce ondate d'azzurro in campo argento

Stemmi di comuni

Comacchio: un pesce passera

Cesenatico: un mare d'azzurro, increspato d'argento con un peschereccio navigante sinistrato da uno scoglio, con sulla sommità un faro di rosso

Pescara: il mare

Alba Adriatica: uno stemma parlante con un sole nascente dal mare azzurro

Pineto: un mare d'azzurro

Martinsicuro : un'imbarcazione sul mare

Vietri sul Mare: due scogli ed il mare

Alghero: un corallo su uno scoglio

Cagliari: un castello al naturale, fondato su uno scoglio uscente dal mare; come supporti due tritoni

Rodi Garganico: una galea sul mare

Taranto: un delfino cavalcato da un dio marino con la mano destra scagliante un tridente, al capo cucito di rosso centrato, caricato della conchiglia d'oro

Scilla: una sirena

Scalea: un delfino

Sapri: un toro marinato sul litorale della baia di Sapri

Amalfi: una bussola d'oro affiancata da quattro semivoli d'argento, caricata da una rosa dei venti di nero

Nettuno: in assoluto lo stemma più "marino" e parlante di tutti che ha al suo interno il Dio Nettuno tenente con la sinistra un tridente e con la destra indicante la rotta; in piedi su una conchiglia, tratta verso destra da due cavalli marini, sul mare al naturale ed al suo esternodue tritoni che reggono lo scudo.

Livorno: il mare

Monte Argentario: il mare con un'ancora

Forte dei Marmi: il mare e la sabbia

Viareggio: un'ancora sul tricolore

Follonica: una prora di nave romana navigante in mare e movente dal lato sinistro dello scudo

Portoferraio: una nave sul mare

Riomaggiore e Monterosso al Mare: il mare

Camogli: un mare di verde ed una barca a vela

Portofino: mare alla base del castello, con delfino che nuota
Santa Margherita Ligure: un delfino natante sul mare ed un corallo
Rimini: il mare
Riccione: un mare, carico di cinque barche a vela
Cattolica: un mare corso da due navi
Sirolo: un mare ed il branzino
Porto Recanati: due barche a vela sul mare

Civitanova Marche: una barca navigante con la vela latina spiegata sul mare
Porto Sant'Elpidio: una barca al naturale veleggiante in mare ondato di verde e d'argento.

Termoli: il mare ed uno scoglio

Di MostEpic - Opera propria, CC BY-SA 4.0,
https://commons.wikimedia.org/w/index.php?curid=130751407

Francavilla al Mare: il mare ed una barca all'antica, equipaggiata di quattro, tre marinai rivoltati ai remi, il nocchiero in piedi a destra, addestrato dall'albero con la vela serrata, il tutto d'argento, essa barca munita a sinistra della bandiera bifida e svolazzante a destra, di rosso, astata di nero

Di Opera propria. Disegnato in grafica vettoriale sulla base della blasonatura., CC BY-SA 4.0, https://commons.wikimedia.org/w/index.php?curid=13569067

STEMMI STRANIERI

- EUROPA -

Zetland County Council (UK): il mare ed una nave vichinga

Brighton (UK): due delfini natanti dentro lo scudo ed una nave come cimiero

Dover: un relitto di imbarcazione

Bristol (UK): il mare ed una mezza nave
Lo stemma deriva dall'antico sigillo, chiaro riferimento alla vocazione marittima della cittadina; da Bristol tra l'altro partono sia ***Gulliver*** che l'*Hispaniola*, la nave protagonista dell'***Isola del Tesoro.***

Belfast (Irlanda del Nord): il mare ed una nave

Newquay (Cornovaglia): quattro aringhe

Penzance (Cornovaglia): una nave come cimiero ed un pirata come supporto (he crest and dexter supporter refer to the fame brought to the town by the comic opera, The Pirates Of Penzance, by Gilbert and Sullivan)

Torquay (Cornovaglia): una nave

Bournemouth (Dorset): 4 salmoni

Weymouth (Dorset): una nave

Newport (Isola di Wight): una nave antica sul mare

Glasgow (UK): il mare e tre salmoni

Stornoway (UK): mare, nave e pesci

Musselburgh (UK): tre cozze e tre ancore (arma parlante perchè mussel significa cozza)

Boston, Lincolnshire (UK): le sirene come supporti ed il motto Per mare e per terra (città con fondaco anseatico)
(Di Richard Croft, CC BY-SA 2.0, https://commons.wikimedia.org/w/index.php?curid=14164745)

Città di Vantaa (Finlandia): una fascia ondata e la coda di un salmone

Copenaghen: il mare (era una città della Lega Anseatica)

Venlo (Olanda): un'ancora (era una città della Lega Anseatica)

Wieringermeer (Olanda): 4 stelle marine, due pesci e due melusine

Herkingen (Olanda): tre granchi

Volendam (Olanda): il mare ed un pesce

Dunkerque (Francia): un delfino

Nizza (Francia): il mare

Saint-Jean-Cap-Ferrat: il mare, un'ancora ed un cavalluccio marino

Guilvinec (Francia): un granchio ed un battello

Bouéni (Francia): un octopuss (piovra)

Paimpol (Francia): un vascello

Saint-Philibert (Francia): tre ostriche ed una barca

Bouéni (Francia): un octopussy (polipo) e due barche

Cartagena (Spagna): il mare

Vantaa (Finlandia): una coda di pesce

Lisbona (Portogallo): un vascello su un mare di sette onde

Madeira: due foche marine

Kołobrzeg (Polonia): il mare (era una città della Lega Anseatica)

Wismar (Germania): nave, mare e pesci (era una città della Lega Anseatica)

Limbaži (Lettonia): un veliero (era una città della Lega Anseatica)

Klaipėda (Lituania): un elemento simbolico composto ed originale, infatti presenta una nave sotto una fortezza con due torri di guardia (era una città della Lega Anseatica).

Sigillo di Elbing: una cocca sul mare (era il simbolo della Lega Anseatica)

Haifa (Israele): un vascello sul mare e due fari

- AMERICHE -

Bahamas: una caravella (la Santa Maria) sul mare nello scudo ed una conchiglia come cimiero

Barbados: un delfino nello stemma ed un tridente nella bandiera

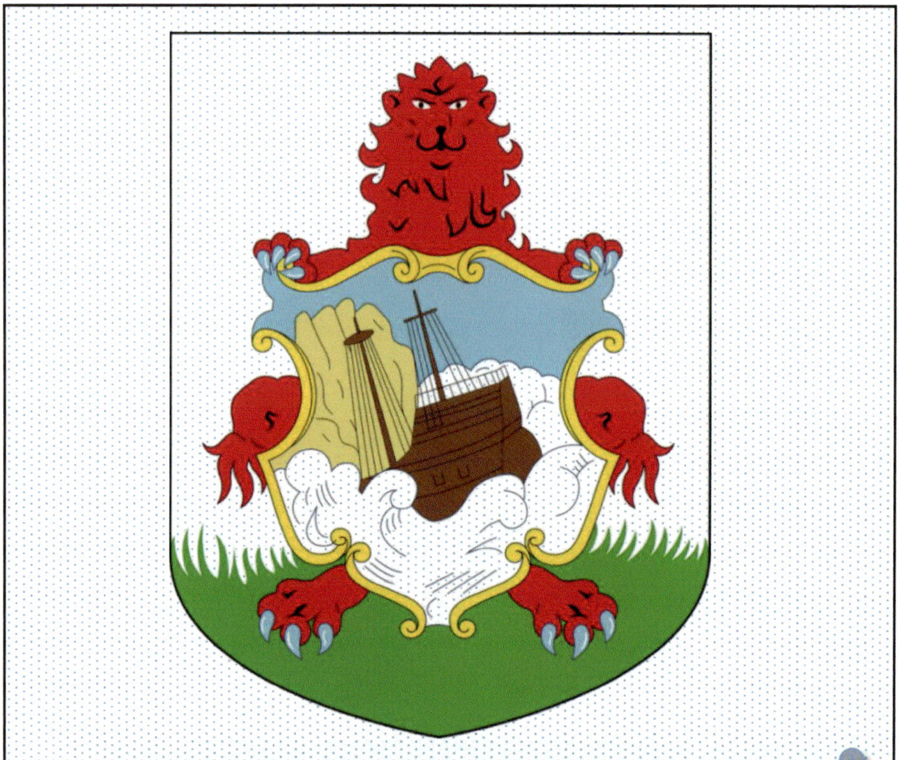

Bermuda: il Sea Venture (la nave che ha scoperto le Bermuda nel 1609) nello scudo

Costa Rica: una nave nel mare

Curacao: una nave ed il mare

Isole Falkland: una galea sul mare

St Pierre et Miquelon: una nave sul mare

Suriname: un veliero navigante sul mare

New Bedford (Massachusetts): mare e navi
E' la cittadina da cui parte il Pequod di Moby Dick.

Saint-Laurent-du-Maroni (Guyana francese): due focene ed un'ancora.
E' la località in cui è stato ambientato il film Papillon (1973).

San Antonio (Cile): un vascello ed il mare

Isole Turks and Caicos: un'aragosta ed una conchiglia

Viña del Mar (Cile): una galea sul mare

Florida (USA): il mare ed una nave

California (USA): idem

New Hampshire (USA): idem

Pennsylvania (USA): idem

Tampa (Florida): una nave

Daytona Beach (Florida): il mare

Santa Barbara (California): due navi, un faro ed il mare

Norfolk (Virginia): un veliero ed il mare

Galveston (Texas): una nave

Quebec (città): un veliero ed il mare

Vancouver (Canada): il mare ed una vela come cimiero

- ASIA -

Dubai (Emirati Arabi Uniti): una barca a vela sul mare

Surabaya (Indonesia): uno squalo

Karachi (Pakistan): una nave

Beirut (Libano): una nave a remi sul mare

Manila (Filippine): un'ostrica ed il mare

- AFRICA -

Casablanca (Marocco): due ancora nella bandiera

Algeri: un vascello nello scudo

Tripoli: una nave nel sigillo

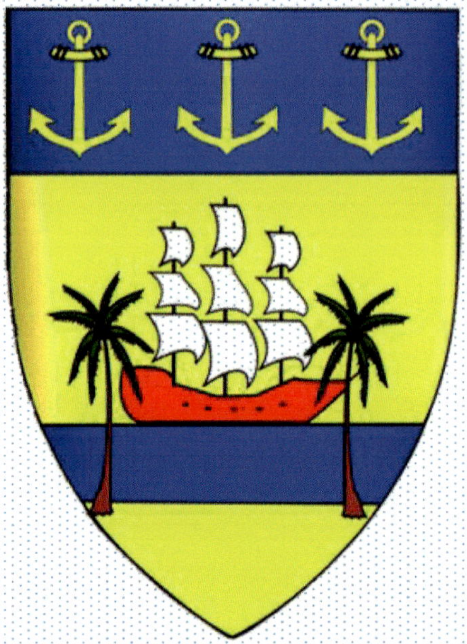

Abdijan: una nave e tre ancore nello scudo

Città del Capo: un'ancora dentro lo scudo ed un tridente ed un'ancora come cimiero

Mombasa: un timone dentro lo scudo e due cavallucci marini come supporti

Alessandria d'Egitto: il mare ed una divinità marina

- OCEANIA -

Australia

- **Western Australia:** il mare

Isole Cook: un pesce maroro

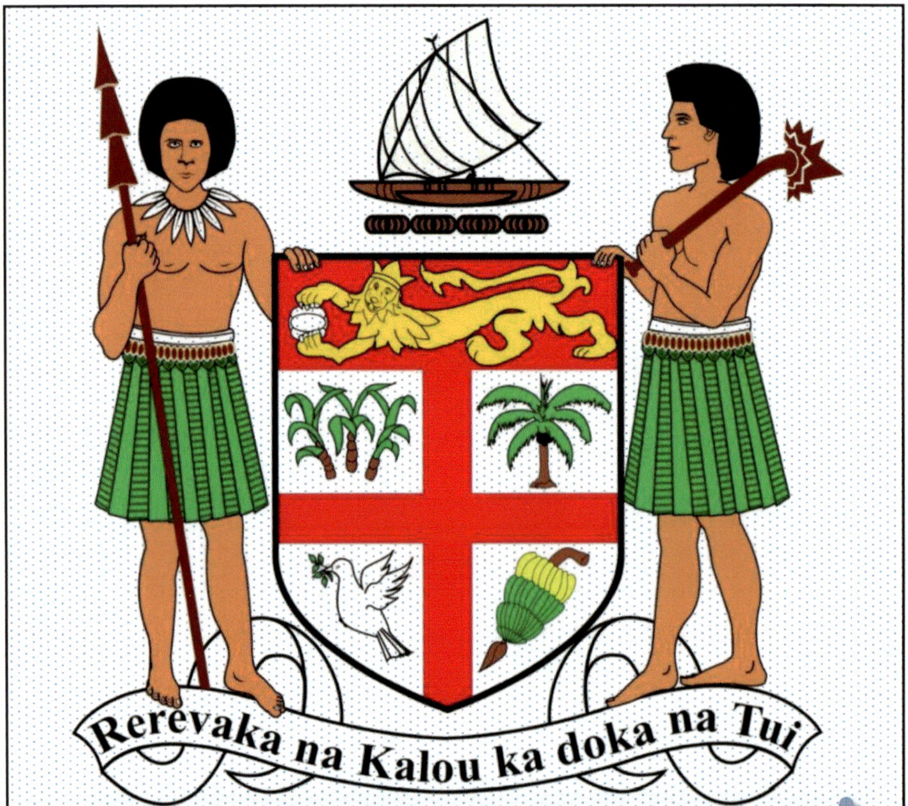

Fiji: una barca come cimiero

- **Suva:** mare, ancora e nave a vela

Polinesia francese: il mare
- **Pirae:** il mare

Nuova Zelanda: tre galee nello scudo

Niue: tre vascelli

Kiribati: il mare

Isole Samoa: un mare di verde

Tuvalu: il mare

Isole Pitcairn: un'ancora

Nuova Caledonia: una conchiglia

Micronesia: il mare

Isole Salomone: uno squalo come supporto

Città di Lake Macquarie (Australia): un pesce, il lago e l'oceano ed una goletta

STEMMI REGISTRATI SUL RAI CON SIMBOLI MARINI

Mons. Carlo Bresciani: la nave ed il mare

Mons. Angelo Scola: barca all'antica ed il mare

Comm. Giuseppe Navas: tre golette

Famiglia Elder: tre galee, cinque conchiglie ed un cavallo marino

INDICE

Golfo di Vasto
Sede del Registro Araldico Italiano, che ha in parte ispirato la realizzazione dell'opera

Codice QR del Video sul Golfo di Vasto

PAGINA DELLA PUBBLICAZIONE SUL SITO DEL REGISTRO ARALDICO ITALIANO

Altre pubblicazioni dell'autore

https://www.registroaraldicoitaliano.it/pubblicazioni/

Registro Araldico Italiano (ediz. I e II)

Araldica di montagna

Uso degli emblemi araldici

STUDIO ARALDICO PASQUINI

Via Andrea Doria, 14
San Salvo Marina
66050 (CH)
P. Iva: 02690100694
www.studioaraldicopasquini.com
studioaraldicopasquini@pec.it

REGISTRO ARALDICO ITALIANO

www.registroaraldicoitaliano.it
info@registroaraldico.it

Titolo | Araldica del mare
Autore | Sebastiano Pasquini
ISBN | 9791222720005

© 2023. Tutti i diritti riservati all'Autore
Questa opera è pubblicata direttamente dall'Autore tramite la piattaforma di selfpublishing Youcanprint e l'Autore detiene ogni diritto della stessa in maniera esclusiva. Nessuna parte di questo libro può essere pertanto riprodotta senza il preventivo assenso dell'Autore.

Youcanprint
Via Marco Biagi 6, 73100 Lecce
www.youcanprint.it
info@youcanprint.it
Made by Human

Stampato da The Factory Srl - Roma
per conto di Borè Srl